시가 사는 마을

도서출판 메타

| 축사 |

이천시장 김 경 희

안녕하십니까. 이천 시장 김경희입니다.
백우리 마을의 소중한 작품들이 담긴 시집 『시가 사는 마을』 발간을 진심으로 축하드립니다. 그리고 시가 주는 기쁨과 행복, 그리고 시심(詩心)을 마을 널리 분양해 주신 한연희 시인과 정성껏 지은 귀한 작품들을 나누어 주신 백우리 주민 여러분께 깊은 격려와 감사의 마음을 전합니다.

주민 여러분이 한 편의 시를 탄생시키는 과정은, 무심코 지나쳤던 일상의 소중한 순간들과 감정들을 다시 한번 마음에 아로새기고, 서로가 함께한 즐거운 시간을 추억하는 따뜻한 시간이었을 것입니다.
무엇보다도 각자의 삶 속에서 느끼고 경험한 소소한 이야기들이, 이렇게 한 권의 시집으로 모이게 되었다는 사실이 매우 큰 감동으로 다가왔습니다.
작품 하나, 하나를 읽어가는 동안, 시라는 사랑방에서 주민들이 서로의 마음을 전하며, 많은 이야기들을 나누는 정겨운 모습이 절로 그려졌습니다.

시를 통한 마을의 행복과 재미가 이 시집을 통해 더욱 많은 이들에게 전달되기를 바라며, 『시가 사는 마을』이 웃음과 따뜻함을 선사하는 백우리의 소중한 추억이자 보물로 남길 바랍니다.

  앞으로도 시가 백우리 주민들을 하나로 이어주는 따뜻한 끈이 되어, 행복과 기쁨이 더욱 넘치는 백우리 마을이 되기를 진심으로 기원합니다.

| 추천사 |

이천시 의회의장 박 명 서

　먼저 이천시 백사면 백우리 마을 시집 『시가 사는 마을』 출간을 축하합니다. 주민 모두가 한 분도 빠짐없이 주옥같은 시를 써서 마을 시집을 출간한다는 건 결코 쉬운 일이 아닙니다. 신뢰를 기반하지 않으면 불가능한 일입니다. 요즘 어느 마을이나 공동체가 약해져 모래알처럼 흩어지는 일이 다반사입니다. 그런데 우리 백우리 주민은 다릅니다. 서로에게 마음을 온전히 내어주며 시(詩) 줄을 단단히 부여잡고 강한 마을 결속력을 보여주고 있습니다.
　한연희 시인이 추천사를 부탁하면서 주민 작품 여러 편을 보여줬습니다. 한 장 한 장 넘길 때마다 동글동글한 조약돌을 발견했을 때처럼 순수한 기쁨이 밀려왔습니다. 모나지 않은 조약돌은 그냥 만들어지지 않지요. 거칠고 거센 물살에 떠내려가다가 바윗돌에 부딪히고 깨지는 아픔을 이겨낸 덕분입니다. 백우리 마을 시집도 조약돌과 같습니다. 웃음이 터지는 유쾌한 시 구절구절 사이에 고단한 삶을 이겨낸 흔적이 켜켜이 담겼습니다. 모처럼 행간을 읽는 감동이 컸기에 백우리 주민이 참 고맙습니다.

백우리 마을 시집을 보면서 시가 농촌 활성화의 촉매가 될 수 있겠다 싶은 생각이 들었습니다. 그래서 주민 모두에게 시(詩)의 줄을 잡게 한 한연희 시인께 존경을 표합니다. 덧붙여 백우리 재능을 발견하고 동기부여를 한 마하빅터아카데미에게도 감사를 표합니다. 마을 시집 첫 출간을 필두로 백우리 주민이 더 큰 시(詩)의 집(集)을 지을 수 있도록 늘 응원하겠습니다.

| 추천사 |

백사면장 백 은 숙

　백우리 마을 주민들의 삶이 한 편 한 편의 시가 되어 엮였습니다. 시집 『시가 사는 마을』을 펼쳐 읽다 보면, 재미와 행복의 쓸모를 스스로 만들어가는 사람들의 이야기, 함께 살아가는 이웃들의 따뜻한 손길이 느껴집니다.
　주민들의 시에는 삶의 희로애락이 오롯이 담겨 있습니다. 기쁨과 슬픔, 희망과 그리움이 정갈한 언어로 녹아 있어, 읽는 이의 마음을 촉촉이 적십니다. 이는 단순한 시집이 아니라, 세월의 깊이와 지혜가 깃든 따뜻한 기록이며, 우리 모두가 함께 나누고 오래도록 간직해야 할 보물 같은 이야기입니다.
　이 소중한 작품을 세상에 내놓아 주신 백우리 주민들께 깊은 존경과 감사를 드립니다. 이 시집이 많은 이들의 마음에 울림이 되어, 따뜻한 위로와 감동을 전해 주길 바랍니다.
　백우리 마을 주민들 모두 건강하시고, 늘 웃음이 함께하시길 바랍니다.

| 격려사 |

폭싹 속았수다

사) 한국메타문학협회 회장 이 의 용

"폭싹 속았수다"라는 말은 "정말 수고 많이 하셨습니다"라는 제주도 사투리입니다. 금년 초 모 방송에서 많은 시청률로 인기를 얻었던 드라마의 제목이기도 하고, 극 중의 주인공이 평생의 애환을 담아 써 내려간 시집의 제목이기도 합니다.

굽이굽이 헤쳐 온 세월의 깊은 숨결과 애환, 그리고 묵묵히 견뎌온 시간의 무게를 고스란히 담아, 마치 오랜 시간 가슴에 품어온 응어리를 이제야 비로소 꺼내 독백하듯, 백우리 마을 주민 여러분의 삶 또한 희로애락의 파도가 끊임없이 밀려왔을 것입니다. 짧지 않은 세월의 격랑 속에서 가슴 깊이 묻어두었던 수많은 이야기들이 『시가 사는 마을』이라는 아름다운 이름으로 세상에 빛을 보게 된 것은 참으로 귀하고 감동적인 순간입니다.

화려하지도 꾸밈도 없는 진솔한 언어로 써 내려간 여러분의 시 한 편 한 편에는, 부모님을 향한 그리움, 곁을 지켜준 남편에 대한 깊은 고마움, 그리고 자식에 대한 애틋함과 농촌의 삶의 일상 속에서 만나게 되는 다양한 소재와 삶의 순수하고 솔직한 감정들이 고스란히 담겨 있습니다. 마치 오랜 시간 닫혀있던 낡은 상자를 조심스럽게 열어, 그 안에 고이 접혀 있던 수십 년 된 편지를 꺼내어 읽어주는 듯한 뭉클함이 우리 마음 깊숙이 스며듭니다.

『시가 사는 마을』은 단순한 시집이 아닌, 백우리 마을 주민 여러분의 삶의 기록이자, 세월의 흔적이 고스란히 담긴 삶의 서사입니다. 이 시집을 통해 우리는 참된 아름다움은 평범한 일상 속에서 피어나고 있다는 것을 깨닫게 됩니다.

여러분은 이미 충분히 아름답고, 훌륭하며, 진정한 여정의 주인공이십니다. 이제부터는 당신의 삶이 써 내려간 아름다운 '시'들을 마음껏 사랑하고 즐겨 주세요.

백우리 마을의 주민들이 참여한 공동체 삶의 시집 『시가 사는 마을』의 발간을 다시 한번 진심으로 축하드리며, 여러분의 삶에 늘 건강과 행복이 가득하시기를 기원합니다.

존경하는 백우리 마을 시인 여러분!! "폭싹 속앗수다."

| 추천사 |

시(詩) 꽃이 활짝 핀 백우리 스밈의 미학

㈜마하빅터아카데미 대표 홍 안 유

　이천시 백사면 백우리는 매일매일 새로운 시(詩) 꽃이 활짝 피는 참 신기한 마을입니다. 소설, 희곡, 동요, 평론 등 문학을 하시는 분들 이야기를 들어보면 가장 어려운 문학 장르가 시라고 말씀하시던데 시 꽃을 거침없이 피우는 걸 보면 백우리 주민들 심전(心田), 마음 밭은 토양이 남다른 모양입니다. 이런 마음 밭에 시심(詩心)의 씨앗을 고루 뿌리고 공들여 갈무리한 한연희 시인 또한 다른 마을에서는 만날 수 없는 귀한 인재로 만날 때마다 매번 제게 새로운 울림을 줍니다.

　솔직히 저는 시를 좋아하지만 쓸 줄 모릅니다. 시를 남기고 싶어 몇 줄 적어보고는 부끄러워 덮어버린 적이 참 많습니다. 그렇기에 매일 색과 결이 다른 시(詩)를 짓는 백우리 주민이 신기하고 부럽습니다. 수많은 지역에서 다양한 프로그램을 진행해 봤지만 시(詩) 쓰기로 일심동

체를 이룬 마을은 백우리가 처음입니다. 스치면 인연이지만 스며들면 사랑이라는 말을 매번 실감하며 백우리에 깊게 스며든 저를 발견하는 일 또한 큰 기쁨이 되었습니다.

　백우리 마을 시집『시가 사는 마을』은 주민 모두가 서로에게 온전히 스며든 결과물이자 평범한 일상을 특별함으로 만든 삶의 내용증명이라고 봅니다. 삶의 씨줄과 날줄을 한 구절 한 구절 섬세하게 엮어서 보란 듯이 세상에 내놓은 주민 여러분의 용기 있는 발걸음에 박수갈채와 존경의 마음을 바칩니다. 아울러 백우리 마을 만들기에 전폭적인 지원을 해주신 이천시 농업기술센터에도 감사의 말씀 드립니다. 백우리와 저희 마하빅터아카데미의 소중한 인연이 이천시 마을 만들기 사업의 모범 사례가 될 수 있도록 앞으로도 최선을 다하겠습니다.

차 례

한연희　시詩, 내안의 등불 … 21
　　　　　우리 마을 느티나무 … 22

김금희　열 살짜리 꼬마와 어머니 … 25
　　　　　첫 손주 … 27
　　　　　참 좋은 계절 … 29
　　　　　이별 … 30
　　　　　식구 는다는 게 … 32

김순자　개나리 … 35
　　　　　이삭줍기 … 36

백순자　동창생 … 39
　　　　　파크골프 … 40
　　　　　볍씨 … 41
　　　　　조선파 … 42
　　　　　생명 … 43
　　　　　충주 가는 길 … 44

안부영　머리모양 … 47
　　　　　행복을 느끼리라 … 48

보석 같은 인연 … 49
인심 … 50
오른손과 왼손 … 51
어려운 숙제 … 52
지상낙원 … 53
중년 속에 사는 풀빵 … 54
봄 … 56
풍경소리 … 57
목련꽃 … 58
그대 그리고 나 … 59
오월의 향기 … 60

양이숙 우리 동네 학생들은 모범생 … 63
당부 말씀 … 64
고스톱 … 65
열 번째 언니의 생각 … 66
용감한 선배님들 … 67
그 이름 … 69
일상 … 70
달덩이 … 71
시인이 되기보다 … 72
유혹 … 74
궁금증 … 75
오늘보다 내일 … 76

우미순 좋은 때 … 79
가난 … 80
서방님 … 81
이모 … 82
해바라기 … 83
새 식구 … 84

유영순 세월이 지나가면 … 87
봄 … 88

이금순 시가 사는 마을 … 91
나의 인생 … 93
실내 자전거 … 94
나의 동반자 … 95
그리운 어머니 … 96
봄이 오는 길목 … 97
제주도 여행 … 98
혼자라는 것이 … 99
두레반상 … 100
은행잎 … 101
제비 … 102
자봉틀 … 103
버스 … 104

이유선 계절 … 107
겨울 참새 … 108
다짐 … 109
여섯 살 꼬마 채이 … 110

이윤자 우리의 인연 … 113
마음에 핀 꽃 … 114
아버지 … 115
소풍 … 117

정명숙 마을회관 … 121
알고도 속고 모르고도 속고 … 122
흰눈 … 123
거짓말 … 124
약보따리 … 125
옛 생각 … 126
엄마와 칼국수 … 127
장 담그는 날 … 128

정창분 나의 동반자 … 131
여름이 되면 … 133
나를 품어주는 단어 … 134
눈처럼 … 135
행복하고 보람된 삶 … 137

　　　　　농부는 즐거워 … 138
　　　　　그녀가 가는 길 … 139
　　　　　내 새끼 … 140

조재분　마늘 … 143
　　　　　무서운 돈뭉치 … 144
　　　　　술 … 145
　　　　　오일장날 … 147
　　　　　풀 … 148

조한분　텃밭 … 151
　　　　　낮잠 … 152
　　　　　손주 사진 … 153
　　　　　계절 … 154

최동규　시골 마을 이장 … 157
　　　　　거울 … 159
　　　　　몸서리 … 160
　　　　　차라리 … 161
　　　　　할 수 있는 만큼 … 162
　　　　　왜곡 … 163
　　　　　눈사람 … 164

최흥영 그대 ⋯ 167
제철 ⋯ 168

한효선 수탉과 암탉 ⋯ 171
거위 ⋯ 173
느티나무 ⋯ 175
봄날 ⋯ 176
3월 어느 날 ⋯ 177
손녀 시집 가는 날 ⋯ 178

허미영 시 ⋯ 181
밥상 차리는 남자 ⋯ 182
자동차 ⋯ 183
텔레비전 ⋯ 185
연 ⋯ 186
바람 ⋯ 187
모내기 ⋯ 188

김종대 서평을 마치며 -
자연의 삶을 문학으로 승화하다 ⋯ 189

한연희 다하지 못한 이야기 ⋯ 191

문학지도강사 **한연희**

서평
시詩, 내 안의 등불
우리 마을 느티나무

서평 : 김종대 시인 · 문학평론가

시는 나를 사랑하는 학문이다.

사람의 영혼을 보다 아름답고 풍요롭게 해 주는 언어 예술이다. 한연희 시인은 시가 지닌 가치를 생생하게 그려내며 시가 우리 삶에 가져다주는 의미와 감정을 순정적 이미지로 표현해 내고 있다.

「시詩, 내 안의 등불」 첫 구절에서 "안갯속 숲길"은 시를 알기 전, 무미건조한 삶의 단면을 암시하며 시가 한 줄기 빛으로 일상생활에 소중한 존재임을 깨닫게 한다.

이어지는 "시가 마음의 등불이고/닫힌 문을 여는 숨결" 비유는 세상살이에 부딪쳐 살더라도 시를 통하여 얻어지는 기쁨과 행복을 심미적 정서로 승화시키고 있다.

시란 언어의 사유로 시를 읽고 쓰는 사람들에게 자신의 경험과 감정을 성찰하고 마음을 치유하는 학문이라고 일깨워 주며, 한연희 시인은 사회 복지학 석사로 「내가 그의 이름을 불러 꽃이 된 아이들」을 국민일보에 연재하고 「KBS 인간극장 5부작」에 출연하는 등 국민훈장 동백장. 대통령 사회 봉사상을 수상한 바 있다.

문학과 사회적 책임을 다하는 한연희 시인은 동네 어르신들의 영혼의 텃밭을 가꾸어 드리기 위해 시를 가르치며 그의 따뜻한 문학사랑 향기는 지역사회 정신문화의 밝은 이정표를 세워 나갈 것이다.

시詩, 내 안의 등불

文希 한연희

안갯속 숲길
한 줄기 빛도 없이
그냥 걷기만 했지요

그때는 몰랐습니다
시가 마음의 등불이고
닫힌 문을 여는 숨결인 줄을

작은 언어 하나가
또 다른 빛을 부르고
숲속을 비추는 햇살처럼
가슴 빈 곳을 채워줍니다

시詩
그것은 내 안의 빛이고
또 하나의 작은 하늘이었습니다

우리 마을 느티나무

文希 한연희

마을회관 앞 세월을 품은 느티나무
햇살을 눌러 담은 그늘 아래
우리 모두 쉼터가 됩니다

수런대는 소문은 바람결에 스쳐 보내고
세상일엔 말없이
너른 품으로 덮어주는 지혜

잔가지 흔들며 속삭이는 잎 새들은
고단한 이의 등을 다독이며
조용히 하루를 감싸안습니다

한밤의 달빛에
이웃들이 정겹게 모여
안부를 나누고 덕담을 건네는
마을 느티나무는 한 권의 시집이며
우리 모두의 어머니입니다

김금희

서평
열 살짜리 꼬마와 어머니
첫 손주
참 좋은 계절
이별
식구 는다는 게

서평 : 김종대 시인 · 문학평론가

김금희 문우의 숨결에는 정겨운 향기가 남아있다.

어머니에 대한 사랑과 그리움을 깊이 있게 성찰하며 삶의 길목에서 비틀거리고 흔들릴 때마다 붙잡아 주고 일으켜 세워준 것은 내 어머니였다.

김금희 문우는 어린 시절을 회상하며 어머니의 고된 삶과 그로 인해 느꼈던 지극한 감정들을 표출해 내고 있다. 어머니는 어린 자식들을 부양하기 위해 광주리를 이고 동네마다 물건을 팔러 다니며 힘들고 무거운 길을 걸어야 했고 "열 살짜리 딸에게 어린 동생을 맡기고 집을 나선다"는 구절은 어머니의 희생정신을 상징적으로 보여주고 있으며 단순한 과거의 기억이 아니라 현재에도 딸의 마음속에 여전히 그리움으로 살아 움직인다.

김금희 문우는 칠십이 지난 지금도 어머니를 부르기만 해도 가슴이 먹먹해지는 "열 살짜리 꼬마가 운다 / 해는 떴는데 갑자기 소나기가 쏟아지는 것처럼" 비유하는 묘사 능력이 예사롭지가 않다.

어머니에 대한 그리움과 아픔을 함께 안고 살아가는 모든 사람들에게 잔잔한 울림과 향수로 깊은 여운을 남길 작품이다.

열 살짜리 꼬마와 어머니

김 금 희

팔순 앞둔 내가 눈을 지그시 감으면
열 살짜리 꼬마가 된다

지아비 떠나신 자리 여자 혼자 메꾸느라
광주리 머리에 이고 동네마다
물건 팔러 다니다 해 질 무렵 오시던 어머니

열 살짜리 딸에게 어린 동생들 맡기고
집 나섰다 들어오실 땐
눈은 십 리나 들어가고 펴지지 않던 허리
금방 쓰러질까 두려워 눈 빠지게 기다렸단
말은 해 본 적이 없었지

이고 지고 온 짐 마루 끝에 내려놓자마자
부엌으로 들어가시던 모습이 열 살짜리
가슴에 들어오면 생채기 난 살에
소금 친 것처럼 아프고 쓰라렸지

젊은 나이에 지아비를 보내야 했던 어머니가
딸이 그 모진 길 가게 되었을 때
미어진 가슴으로 외손주 봐주셨던 내 어머니
칠십 년이 지난 지금도 어머니 생각하면
열 살짜리 꼬마가 운다
해는 떴는데 갑자기 소나기가 쏟아지는 것처럼

첫 손주

김 금 희

태어나자마자 건강하다더니
조금 있다 위독하니까 빨리
중환자실이 있는 병원으로 가란다
아기 얼굴을 보니까
하얗 게 백지장이다
가슴이 철렁 내려앉았다

119로 분당 차병원에 갔다
폐에 물이 찬 신생아를 혼자
입원시켜 놓고 집에 온 아들 부부가
통곡을 하는데 눈뜨고 볼 수가 없었다
면회시간에 가보니 그 어린 아기 입에
호스가 물려있는 게 참혹했다

일주일 후 병원에서 연락이 왔다
얼른 오라는 말에 가슴이 벌렁거렸다
혹시 잘못되었다는 게 아닌지
막상 가보니 퇴원하라는 소식이다

그날처럼 기쁜 날이 또 있을까
세 살 먹도록 손바닥 위에서 키웠다

금쪽같은 우리 첫 손주 정희
신생아 때 식구들 다 놀래켰는지
21살이 된 지금까지 건강하다
볼 때마다 웃음이 난다

참 좋은 계절

김 금 희

유난히 맑은 아침
봄 아씨가 문턱에서 노크한다
들깨 씻어 말리고 뒤돌아보니
겨우내 땅속에서 잠자던
시금치와 실파가 웃는다

두 아들이 심어놓은
두 그루 감나무
덮고 있던 하얀 이불
걷어찬 것 바라보니
주렁주렁 달려있을 친구 생각에
웃음이 절로 난다

이별

김 금 희

남편은 마흔아홉 나는 마흔넷
아들 둘 키우면서
밭이든 논이든 둘이 농사를 지었다

삼부자가 티브이 앞에서 중국과 한국 대결
축구 경기를 다 봤을 땐 1시 40분쯤이었다
두 아들이 방으로 돌아가고 부부만 누웠는데
남편이 가위에 눌린 것처럼 이상한 소리를 냈다
아무래도 이상해서 아들들을 불렀더니
급하게 심폐소생술을 하고
손을 따면서 응급실로 갔다
잠시 화장실에 간 사이 남편이 떠났다
조금 전까지만 해도 멀쩡한 사람이 가다니
일단 집으로 모셔왔다
아침부터 주먹만 한 함박눈이 펑펑 내렸다
장삿날과 삼우제에도 눈이 많이 왔다
자식이 없으면 따라가고 싶었다

가슴이 후벼파는 것 같았다
먼 산은 변하지 않았는데
나는 벼락을 맞았구나
남편 흔적은 하나도 안 보인다
암만 찾아봐도 없다
논에 가도 울고 밭에 가도 울고
논두렁에 금이 가도 철렁했다

쥔이 없어 쓸쓸한 건 나뿐이 아니었다
집을 봐도 기둥을 봐도 마당에 금이 가도
'너희들도 쥔을 잃어 쓸쓸하구나' 울었다
'내 마음 별과 같이' 노래가 내 얘기 같았다

이별은 30년이 지나도 생생하다
새 길만 봐도 이것도 못 봤다고 울고
맛있는 것 먹다가도 이것도 못 먹어봤다고
눈물이 나고 웃고 있어도 눈물이 난다

식구 느다는 게

김 금 희

엄청 좋아 어깨가 으쓱으쓱하더라
작은아들 큰아들이
여자친구를 데리고 왔을 때
첫눈에 둘 다 괜찮았다

결혼식 날 혼주석에서 눈물을 쏟았다
남편 없이 대학 공부 시키느라
애쓰던 일이 떠올라 참아지지 않았다
식구 느다는 게 너무 좋으니까 눈물이 났다

김순자

서평
개나리
이삭줍기

서평 : 김종대 시인 · 문학평론가

　김순자 문우는 자연친화적 정서로 개나리가 노오란 꽃을 피우며 길가에 서서 봄소식을 전하는 아름다움과 개나리를 통해 반갑고 기쁜 마음을 섬세하고 생생하게 담아내고 있다.
　첫 번째 연에서 "노오란 옷 입은 개나리" 구절은 봄의 노래를 알리는 상징으로 그에 대한 고마움을 드러내고 있다. "기다리고 기다리던 기쁜 소식 전해주니" 표현은 단순한 계절의 변화뿐만 아니라 삶의 작은 기쁨까지도 호응하는 감정이 살아난다. 세 번째 연에서 개나리를 한참 못 보았던 아쉬움에 그리움과 사랑의 감정을 불러일으키고 있다.
　이처럼 김순자 문우는 개나리와 봄의 소중함을 자연과 교감을 통해 생명의 아름다움을 느끼게 하며 깊은 애정과 경이로움에 감사하는 순수한 심정을 그려내고 있다. 특히 노오란 색깔의 개나리는 단순한 꽃의 묘사를 넘어 기다림 끝에 찾아온 기쁨과 고마움의 위안으로 그리운 마음을 살포시 채워주고 있는 것이다.

개나리

김 순 자

노오란 옷 입은 개나리
내가 다니는 길가에 서서
봄이 왔다고 알려준다

기다리고 기다리던
기쁜 소식 전해주니
봄소식 더 고맙다

한참 못 보다 보니
반갑고 예쁘고
따스한 마음이라 좋다

개나리, 너와 함께
봄을 맞이하는 마음
내 마음도 새롭게 피어난다

이삭줍기

김 순 자

운동 삼아 집을 나서며
비닐봉지 챙겼는데
양파 캐는 밭이 있어
기웃거려 보았지만
허탕친 이삭줍기
물가가 높다더니
양파값이 만만찮은 모양이다

백순자

서평
동창생 / 파크골프
볍씨 / 조선파
생명 / 충주 가는 길

서평 : 김종대 시인 · 문학평론가

　백순자 문우의 「동창생」은 시간을 거슬러 올라간다. 앨범 속에서 발견한 오래된 흑백사진처럼 독자들의 마음 속에 따뜻한 추억을 불러일으킨다. 백순자 문우의 집 근처 상가에서 국민학교 친구의 목소리를 듣는 순간 그 반가움은 오랜만에 만난 가족같이 친근하게 다가온다.
　백순자 문우와 동창생의 만남은 단순한 재회가 아니라 어린 시절의 순수한 동심을 되살려 내는 마법 같은 순간이다.
　시의 흐름은 과일을 가득 담은 바구니와 쌀자루의 답례를 통해 우정의 뿌리인 그리움과 정겨움이 넘치는 서사 속에서 순결한 정서를 나타낸다.
　「동창생」의 마지막 부분에서 약속의 막연함은 마치 흐릿한 안개 속에 가려진 길처럼 미래의 만남이 불확실하다는 것을 상기시키며 과거의 소중한 기억에 현재의 순간이 쉽게 살아질 수 있음을 암시하고 있다.
　결국 동창생의 재회의 기쁨을 넘어 먼 후일이 지난 지금 동심의 세계를 추억하고 소중한 순간들을 간직하고 싶어하는 모든 이들에게 잊고 살아가는 감정의 기억을 다시금 떠올리게 한다.

동창생

백 순 자

집 근처 상가에 갔는데
등 뒤에서 부른다 "순자야!"
누굴까? 돌아보니
국민학교 친구다

국민학교 친구는
왠지 더 반갑다
얼마 만일까

순식간에 어릴 적 동심이 되었다
집을 가르쳐 줬더니
며칠 후 친구가 찾아왔다

과일을 잔뜩 사가지고 왔길래
농사지은 쌀자루를 건네줬다
반가움도 잠시
다음에 만나기로 약속했지만
그게 언제일지 막연하다

파크골프

백 순 자

전화를 건다
운동 갑시다
마음이 즐거워 손이 빨라진다
가는 내내 이런저런 수다를 떤다

파크장에서 공이 제 타수에 들어가면
깔깔 웃고 못 들어가면 아쉬워서 웃고

언니 동생들 만나 서로 인사하며 웃다 보면
어느새 두 바퀴, 6000보 운동 마치고
집에 오는 길은 항상 감사가 넘친다

볍씨

백 순 자

못자리철 4월은 추위가 사는
2월부터 시작된다
하우스 안 모판에 볍씨 놓은 지
며칠 만에 하우스 안이 파릇파릇하다
작은 몸에서 돋아난 새싹이
우리들의 양식을 만드는 모습은
언제 보아도
눈이 부시고 배가 부르다

조선파

백 순 자

텃밭에 조선파가 파릇파릇
반갑다며 고개를 내밀고
삼월에 어울리는 바람이 불더니

눈 비비고 밖을 보니
부끄럼 타는 조선파가
하얀 이불 덮고 잔다

생명

백 순 자

큰 암소가 소리를 지른다
송아지 두 다리가 보인다
어미 소가 생명을 만나려고
있는 힘껏 힘을 주자

새 생명이 태어났다
사람이나 동물이나

어찌 그리 예쁜지
소 아버지 얼굴이 환하게 웃는다

충주 가는 길

백 순 자

마치 나무처럼
태어난 자리를 한 번도
떠난 적 없이 결혼하여
자식 낳고 평생을 살았다

이천에서 충주행 버스 타고
창밖으로 보이는 풍경을 보니
이렇게 넓은 세상이 있었구나
소스라쳐 놀랐지만
지금 와서 생각하니
뿌리내린 내 고장이 편안하다

안부영

서평
머리모양 / 행복을 느끼리라
보석 같은 인연 / 인심
오른손과 왼손 / 어려운 숙제
지상낙원 / 중년 속에 사는 꿀빵
봄 / 풍경소리
목련꽃 / 그대 그리고 나
오월의 향기

서평 : 김종대 시인 · 문학평론가

   마을회관에 가면 사람 사는 세상의 정겨움이 있다.
   안부영 문우의 「머리모양」은 일상생활 속에서 마주하는 동네 사람들의 모습과 그들의 삶을 통해 시간의 흐름과 변화를 감성적으로 담아낸 작품이다.
   부드러운 햇살이 내리는 오후 마을회관으로 모이는 사람들의 모습을 그리며 그들의 다양한 머리모양에서 각자의 이야기를 엿볼 수 있다.
   시의 첫 연에서 "삼삼오오 모인 사람들"이라는 표현은 마을공동체의 따뜻함과 "바글바글"하고 "곱슬복슬"하다는 묘사는 생동감 넘치는 일상의 풍속을 생생하게 그려내고 있다.
   특히 마을에서 긴 생머리를 가진 사람과 빡빡 머리를 한 사람은 육십 대의 젊은이들로서 부녀회장과 이장님이라는 봉사의 역할을 통해 마을의 중심에서 중요한 의미를 부여한다.
   안부영 문우는 "긴 생머리 시절을 그려본다"에서 단순한 머리모양의 변화를 넘어 잃어버린 젊음과 향수를 그리워하며 세월의 흐름 속에서 삶의 단면을 포착하며 독자들에게 깊은 여운을 남길 것이다.

머리모양

안 부 영

햇살이 부드러운 오후가 되면
회관으로 발길을 재촉한다
삼삼오오 모인 마을 사람들

앞을 보아도 바글바글
옆을 보아도 곱슬곱슬
나이 들면 머리카락이 짧아지고
머리모양이 다 똑같다

긴 생머리 시절을 그려본다
우리 마을엔 유일하게
긴 생머리 한 명
빡빡머리 한 명이 산다

육십 대 젊은이
부녀회장과 이장님이다

행복을 느끼리라

안 부 영

몸과 마음을 병들게 하고
늙게 만드는 욕심은 비우고
늘 배우는 마음으로 살아가야지

고요한 물결처럼
미소 지으며
매사에 감사하며 살아가야지

보석 같은 인연

안 부 영

앞마당에 굴러다니는 나뭇잎
내가 가꾸는 꽃
잡초조차 나와 인연이다

봄 되면 나뭇잎이 춤추듯
내 마음도 춤추지만
인연은 오래 머물지 않는다

뒷집 앞집 깊이 스며든 인연은
마음을 주고받으며 자라나
오랜 시간 향기가 난다

떠나는 인연을 막을 순 없지만
먼 훗날까지 기억되는 인연은
보석처럼 소중하다

인심

안 부 영

산책하려면 정희 할머니 댁을 지나야 한다
"안녕하세요" 인사를 하면
"네, 어서 오세요" 반갑게 맞아주신다
이 댁엔 채소, 과일, 꽃 없는 게 없다
앞뜰엔 사과, 배, 체리가 주렁주렁
뒤뜰엔 땅콩과 대추가 자란다
산책하러 나갔다가 뭘 하러 나갔는지
잊어버리고 정희 할머님이 주시는
과일을 안고 온다
공주 대접해 주시며 "또 와요, 언제든지 와요"
뒤에서 들리는 소리
부모님이 떠올라 맘이 울컥한다

오른손과 왼손

안 부 영

난 왼손잡이다
오랫동안 왼손을 많이 썼다
손자들과 썰매장에 갔다가 오른손이 부러졌다

'왼손이 아니구 오른손이라서 정말 다행이야'
회복된 지 꽤 된 지금까지 오른손은 힘이 없다
자꾸만 숟가락과 젓가락을 떨어뜨린다

'왼손아, 기냥 네가 더 고생해야겠구나'

어려운 숙제

안 부 영

나는 아름다운 것을 좋아한다
꽃, 나무, 건축물, 사람
제각기 생긴 모습이 아름답다

난 거울을 끼고 산다
옷을 입을 때
외출할 때
웃거나 울 때
거울을 본다
나의 모습이 아름다운가
폼 나게 늙어가는 것은
정말 어려운 숙제이자 희망 사항이다

내일도 모레도 아름다움을
잃지 않게 노력할 것이다
지금 이 자리에서

지상낙원

안 부 영

마을회관은 주민을 위한 쉼터다
여름이면 시원하고
겨울이면 뜻뜻하다

가족보다 더 자주
먹거리를 나누고
담소를 나누면서
연신 웃는다

농한기 겨울엔
주로 고스톱을 친다
실컷 놀고, 갈 땐 다 놓고 간다

어르신들을 본석 자리
조금 젊은이는 좌천석에서 친다
늘 웃음이 묻어나는 즐거움은
하루하루 누리는 큰 행복이다

중년 속에 사는 풀빵

안 부 영

학교 후문 옆엔
풀빵 굽는 아주머니가 계셨다
친구들과 왁자지껄 포장마차
안으로 들어서며
안녕하세요, 아줌마
응, 어서들 와
풀빵 줘유 배고파유
아주머니가 갓 구운 풀빵을 주시면
우리들은 허겁지겁 먹었다
앗, 뜨거뜨거뜨거
단팥 맛이 최고다

하하 호호
첫사랑은 물론이고
사랑조차 모르던 시절
낙엽이 굴러가도 깔깔
회색빛 하늘도 좋았던

파랑새 같은 친구
보라빛 향기 나는 친구
눈웃음이 고왔던 친구
정이 많았던 친구

이 친구들에게 뼛속까지
깊은 정을 주었다

입장 바꿔 생각하며 살자 했던
그 시절이 중년 속에 산다
친구들은 세월 따라 가 버리고
풀빵만 홀로 남아 추억을 먹는다

세월 따라 변해가는 게 인생인데
늘 칭찬만 듣고 한 떨기 꽃처럼
아름다운 중년이고 싶은
나는 아직도 학창시절인가 보다

봄

안 부 영

햇살이 좋다
겨울에 내린 눈이 힘없이 녹는다
바람에 곁들어 봄 오는 소리
봄소식을 품에 안았다

쑥 향, 냉이, 달래 향기가 달려오고
냇가 능수버들이 푸르스름하다
텃새들은 사랑하느라 바쁘고
봄이 깊숙하게 오면
아네모네 꽃도 피겠지

피는 꽃 속으로 숨어 버릴까
꽃향기에 취해
늘어지게 낮잠을 잘까
봄을 실컷 마시고 싶다

풍경소리

안 부 영

처마 끝에 사는 풍경
바람 불면 노래하는
잔잔한 멜로디
자장가 소리

커피 한 잔의 여백에
손님 찾아오면
반가이 맞아 주안상 차려
풍경소리와 주거니 받거니

봄 오는 길목은
꽃향기 가득하니
누군들 싫어하겠나
어서 오소 어서 오소

목련꽃

안 부 영

겨울이 떠난 자리
부푼 목련꽃 멍울
하얀 옷 입고 웃으며
사뿐히 왔다가 서둘러
떠나는 급한 성질 때문에

떨어지는 꽃잎 주우며
가지에 매달린 마지막
꽃잎 멍하니 바라보면
아쉬워서 눈물이 난다

그대 그리고 나

안 부 영

봄이 오는 길목에서
나의 사랑 가득 담아

잔잔한 기쁨으로
봄바람에 춤추듯이

그대 향기 아름답게
내 마음 따스하게

사는 동안 새긴 흔적
변치 않게 담았소
내 가슴 깊숙하게

오월의 향기

안 부 영

찔레꽃, 독일붓꽃, 양귀비, 작약, 장미
5월의 향기가 밖으로 불러낸다

텃밭 가꾸며 소박하게 살다 보면
절간 같은 한나절 때로 아쉽지만

저물어가는 노을 따라
벗님들 오시려나
꽃향기 펼쳐놓고 기다린다

양이숙

서평
우리 동네 학생들은 모범생
당부 말씀 / 고스톱
열 번째 언니의 생각 / 용감한 선배님들
그 이름 / 일상
달덩이 / 시인이 되기보다
유혹 / 궁금증 / 오늘보다 내일

서평 : 김종대 시인 · 문학평론가

　양이숙 문우의 작품은 자연 친화를 통해 상생을 열어 가는 정감어린 향기가 있다.
　마을회관에서 배움의 중요성과 그 과정에서 느끼는 마음을 잘 표현하고 있다. 스마트폰을 배우기 위해 예쁘게 단장하고 나서는 모습은 배움에 대한 기대와 열정을 보여주고 있다.
　「우리 동네 학생들은 모범생」 시의 중반부에서 강사가 흰머리로 등장하는 것은 세대 간의 연결을 의미하며 노래방에서 노래를 부르거나 키오스크를 이용하는 방법을 차근차근 가르치는 모습은 단순한 교육을 넘어 삶의 즐거움과 소통의 중요성을 일깨워 준다.
　마지막 구절에서 "밖에서는 하얀 눈이 온 동네를 덮었다 / 기껏 배운 걸 건망증이 다 덮는 건 아니겠지?"라는 표현은 배움의 지속성과 유머스러운 의미에 문장의 기교가 돋보이고 있다.
　양이숙 문우의 「우리 동네 학생들은 모범생」은 세대 간의 소통과 배움의 가치를 감성적으로 풀어내고 있다. 삶의 작은 순간들이 모여 큰 의미를 만들어 가는 과정을 참신하게 그려낸 작품이다.

우리 동네 학생들은 모범생

양 이 숙

참 좋은 세상이다
강사가 회관까지 찾아와
이것저것 가르쳐 준다
스마트폰 배우는 날
예쁘게 단장하고 집을 나선다
빽빽하게 앉아 한 자라도 놓칠까 봐
묻고 또 묻는 표정이 또롱또롱하다

흰머리가 눈에 확 띄는 강사님은
노래방 찾아 노래 부르기
키오스크 이용하는 방법을
차근차근 가르쳐 주시는 동안
밖에서는 하얀 눈이 온 동네를 덮었다
기껏 배운 걸 건망증이 다 덮는 건 아니겠지?

당부 말씀

양 이 숙

백우리에 몸담은 지 어언 삼십 년
안아주고 품어준 그 사랑 어찌 잊을까요

한 해를 보내고 새해를 맞이하면서
꼭 하고 싶은 말
올해는 작년보다 더 재밌게 살자고요

우리 모두가 건강하고 화목한 가정 이루고
주민이 한마음이 되려고 노력하는 모습
변치 말자고요

회관에 모인 여러분께 당부 말씀
나도 돈 좀 따고 싶어요

고스톱

양 이 숙

번번이 진다
딴다고 가져가는 것도 아닌데
부아가 난다

오늘은 돈을 좀 따야 하는데
간밤에 눈이 쌓이고
날씨가 추워서 가기 싫다

집에서 뒹굴뒹굴
아니야 고스톱 치고 오자
하늘이 나를 회관으로 유혹한다

열 번째 언니의 생각

양 이 숙

내 동생은 여섯 살, 나는 일흔다섯 살
열 번째 언니다
동생이 생겨서 좋은데 나를 따르지 않아서
마음이 답답하다
어떻게 하면 동생의 마음을 돌릴 수 있을까
우리 한 번 잘해 보자
기나긴 겨울밤을 동생 생각하면서 보낸다

동생하고 악수하는 시간이
너무도 기다려지고 또 기다려진다
오늘은 악수 다섯 번 했는데
내일은 한 번 더 하면 안 될까? 언니의 생각이다

용감한 선배님들

양 이 숙

작년 겨울, 지아비가 멀리 떠났다
허전한 마음 달래볼 겸
밭에서 좋은 공기 마시고
정신을 가다듬는 순간
눈물이 한없이 흐른다

지아비를 먼저 보낸 선배님들
어쩌면 저렇게 용감하신지
홀로 풍파를 이겨내신 기나긴 세월
저 당당한 모습

나도 지금부터 당당하자
돈은 따지 않아도 된다
좀 못났어도 된다
나이가 좀 많아도 된다

다행히 그 임이 남기고 간 선물
아들과 딸, 쳐다보기도 아깝다
잠을 청하면서 혹시라도
내 임을 만날까
부질없는 상상을 한다

그 이름

양 이 숙

해님이 방긋 미소를 지으며
힘차게 떠오른다
오늘은 어떤 일이 생길지
어떤 일이 오더라도 내 마음
송두리째 비워놓자 다짐한다

시간은 왜 이리도 빨리 가나
빨라도 너무 빠르다
아침에 눈을 뜨면 금방 12시
저녁 그리고 밤

아무런 기약 없이 또 하루
내일을 기다리며
혹시나 좋은 꿈을 꾸면
보고 싶은 그 얼굴을 만날까
불러봅니다 불러봅디다
그 이름을 불러봅디다

일상

양 이 숙

십 년 넘게 타던 차를 폐차하고
내 발로 다닌다
월요일엔 가방 메고 버스 타고
복지관 가서 라인댄스를 배운다
음악 소리에 몸을 맡기고 놀다 보면
시장끼가 내 몸을 감싼다

마을회관으로 빨리 뛰어가자
욕심 안 돼
남의 말 안 돼
자랑 안 돼
이쁘다고 떠들어도 안 돼
이런 얘기 저런 얘기 듣고
수다 떨다 얌전하게 놀다 오자

달덩이

양 이 숙

마을에서 벌어지는 정월대보름 잔치
형편 따라 회관에 부주를 한다
채소 재배하는 주민은 채소로
묵나물 무침은 자청해서 골고루
십시일반으로 찬조금 내고
며칠 전부터 잔치 준비 벌어지는
마을회관은 흥겨운 전쟁터
통 큰 상추 세 박스는 인기리에 나눔
내가 책임지기로 한 치커리 두 박스
출장 뷔페 아닌 정성 깃든 잔치 음식
음식도 푸짐, 인심도 푸짐, 흥도 푸짐
온 동네 달덩이처럼 즐거움이 떴다

시인이 되기보다

양 이 숙

갈 데가 없다
집안일하다가
회관에 가서 놀다가
저녁에 집에 와서
몇 자 적어봐야지
맘먹고 연필을 드니
잠이 막 쏟아진다

시인이 따로 있나
기억을 더듬어
이렇게 저렇게 하다 보면
뭔가 되지 않을까

시인이 되기보다 그냥
하얀 종이와 연필하고 나하고
셋이서 놀아보자
야, 종이야 너는 눈같이 뽀얘서 좋겠다

안 씻어도 더럽지 않고
암만 먹어도 살이 안 쪄서 좋겠다
너는 걸어 다닐 수 있어서 좋겠다
나는 잘 걷지도 못해
깨끗하지도 않아
셋이서 옥신각신 머리를 굴렸다

유혹

양 이 숙

빨래하면서
마치 시험공부하는 것처럼
몇 자 적으려고
멋있게 앉았는데
내 눈이 온 세상을 보지 못하게
방해한다
좀 더 쓰자
아직 빨래도 다 못했는데
마음과 몸이 따로 논다
에라 모르겠다
두 시간만 자고 나서 생각하자
무거운 내 눈의 유혹에 넘어가
이불 속으로 끌려갔다

궁금증

양 이 숙

사람들은 시간이 지나면
늙고 병들어서 몸이 쇠약해져
온갖 시험을 다 겪는데

매일 뜨는 해님은
한결같이 우렁차다
해님, 달님, 별님에게
가만히 물어봤다
매일 어디서 그런 힘이 생기는지
어떻게 해야 웅장한 모습을
계속 지니게 되는지

내가 20대, 30대, 지금은 70대인데
그때나 지금이나 변함이 없으니

오늘보다 내일

양 이 숙

백사면에 있는 축산, 원예, 채소 등
여러 작목반이 한자리에 모여 놀았다
일손이 바빠지기 전에 친목 도모부터
경품은 타지 못했으나
끝날 무렵 예쁜 꽃 화분 두 개를 얻었다

기운이 없어 피곤이 밀려오는 것을
쫓아내려고 밥에 녹두를 넣었더니
집 나간 입맛이 돌아왔다

혹시 실수하거나 남에게 상처를
주지 않았는지 내가 했던 행동을
다시 한번 되새겨보면서
오늘보다 내일은 더 열심히 살아야지
오늘 못한 좋은 일 내일은 할 수 있도록
내일을 기다리며 잠을 청해본다

우미순

서평
좋은 때 / 가난
서방님 / 이모
해바라기 / 새 식구

서평 : 김종대 시인 · 문학평론가

"시방" 시방은 지금이라는 의미로 표현된다. 우미순 문우의 「좋은 때」 시방은 한국 문단사에 가장 짧은 시로 평가될 것이며 간결한 언어 속에 깊은 사유를 담고 있다.

시방은 일상에서 느끼는 순간의 소중함과 그 안에는 우미순 문우의 숨겨둔 정서를 발현해 내고 있다. 소박하면서도 진지한 사유가 가슴속에 고여 있는 감정이입을 정겹고 미세한 화음을 불러일으키고 있다.

「좋은 때」 시방은 감정을 직접적으로 표현하기보다는 비유나 은유를 통해 간접적으로 전달하며 짧은 이미지로 독자의 상상력을 자극하게 될 것이다.

한 단어의 형식인데도 불구하고 우미순 문우의 삶의 여정에서 바라본 관점에서 깊은 상념을 절묘하게 펼쳐 보이고 있다.

좋은 때

우 미 순

"시방"

가난

우 미 순

배곯을까
보내고
부모 말이라
떠나고

왔다고 혼나고
보내고 또 보내도
그 마음 알기에
꽃처럼 웃었지

서방님

우 미 순

위해주고 위해주고
남모르게 위해주고
옆에서 본 아들들
본대로 위해주는

이 땅에선 떠났지만
내 맘에는 살아있네

이모

우 미 순

휴대폰에 붙은
귀여운 스티커

여덟 번째 언니에게
다섯 살 동생이 준

오십 대 아들
그럼 이모네

해바라기

우 미 순

환한 곳만 쳐다보고
눈치코치 다 데리고
양지쪽을 바라보다
해바라기 되었다네

새 식구

우 미 순

빼다 박은 고부지간
기왕이면 건강까지
닮았으면 좋으련만

날아오를 수 있는
가족의 날개 달았으니
흔들려도 걱정하지 말자

유영순

서평

세월이 지나가면

봄

서평 : 김종대 시인 · 문학평론가

　유영순 문우는 강물처럼 흘러가는 세월 속에서 자연과 친화를 통한 감정을 참신하게 담아내고 있다. 봄꽃들이 피어나는 모습을 통해 삶의 순환과 시간의 흐름을 성찰하며 자신이 맞이한 봄의 의미를 깊이 있게 탐색하고 있다. 첫 번째 연에서 "숨어 조용하던 꽃들이 / 앞서거니 뒤서거니 / 다투듯이 깨어나네" 구절은 생명과 자연의 아름다움을 상징하며 시작이 있음을 암시하고 있다.
　두 번째 연에서 "허겁지겁 피어나 / 흐드러진 벚꽃"은 절정을 향해 피어나는 꽃들의 표현에서 인생의 한순간도 얼마나 소중한지를 상기시키고 있다.

　마지막 연에서 나이가 70대 중반이라는 사실이 드러나며 봄의 도래가 반가우면서도 두렵다는 복잡한 감정이 묘사되고 있다.
　세월은 무심히 흘러가며 남아있는 봄날의 수가 얼마 남지 않았다는 자연의 순환과 인생의 유연함을 동시에 느끼게 하여 독자로 하여금 자연과 인간관계의 보편적 정서와 성찰을 불러일으키게 한다.

세월이 지나가면

유 영 순

숨어 조용하던 꽃들이
앞서거니 뒤서거니
다투듯이 피어나네

차례차례 피면
누가 잡아가나
산수유, 진달래, 개나리

허겁지겁 피어나
흐드러진 산벚꽃
절정을 달리네

내 나이 칠십 중반
봄을 몇 번이나 더 보려나
무심히 지나가는 세월
봄이 오는 게 반가우면서
두렵기도 해

봄

유 영 순

하얗게 쌓였던
눈 대신 봄
뾰족한 나물
갓 태어나 눈 뜨니
첨 본 듯이 반갑다

이금순

서평
시가 사는 마을 / 나의 인생
실내 자전거 / 나의 동반자
그리운 어머니 / 봄이 오는 길목
제주도 여행 / 혼자라는 것이
두레반상 / 은행잎
제비 / 자봉들 / 버스

서평 : 이금순 「시가 사는 마을」

    이금순 문우의 감수성은 생동감이 있고 인간애를 교감하는 순정을 정겹게 담아내고 있다. 시골 한 동네에 시인이 이사 오면서 시작된 변화의 과정을 진솔하게 그려냈다.

    이금순 문우는 출판기념회에 초대를 받아 처음 경험하는 시 낭송은 두려움과 망설임으로 가득 차 있지만 결국 용기를 내어 박수갈채를 받는 모습은 많은 사람들에게 공감과 희망을 준다.
    이금순 문우의 「시가 사는 마을」에서 "그날이 그날이던 마을이 / 젊어지고 생동감이 넘치고"라는 구절은 시가 단순한 문학적 정서를 넘어 동네 사람들의 마음과 마음을 연결하고 공동체에 활력을 불어넣고 있다는 것을 잘 보여주고 있다.
    서로가 시를 쓰고 읽으며 웃고, 격려하며 시가 사는 마을로 생동감이 넘치는 것은 시가 가진 치유의 힘이다.
    사람들의 삶과 마을 분위기를 변화시키는 원동력의 매개체로 우리 모두 시바타 도요 시인이 되고 언어예술의 낭송인이 될 수 있다는 희망을 선사하고 있다.

시가 사는 마을

이 금 순

우리 동네에 시인이 이사 왔다
어느 날 시화전 한다고
출판기념회 한다고
난생처음 초대받아 다녔는데

해본 적 없는 시 낭독까지 해달라네
부탁받던 날, 망칠까 봐 거절했더니
할 수 있다길래 용기를 냈다
무대에 서서 차분히 해냈더니
여주시에서 또 해달라고 해서 또 했다

이번엔 마을 주민들이
시 쓰는 방법을 배웠다
황혼 인생의 희로애락이 담겨 있는
의령군 구성마을 여덟 할머니의 시는
재미와 감동도 주었지만
우리도 쓸 수 있다는 용기를 줬다

나이 많은 노인들이 시를 써보면서
생각이 달라졌다
그날이 그날이던 마을이
젊어지고 생동감이 넘치고
서로 시를 나눠 읽으면서 웃고
활기찬 시가 사는 마을로 변했다

나의 인생

이 금 순

허둥지둥 살다 보니 어느덧 80세
병든 몸이 겨울나무처럼 앙상하다
겨울은 나도 나무도 쓸쓸하다
나는 자식 오기 기다리고
나무는 봄이 오기를 기다린다

실내 자전거

이 금 순

처음 만났을 때 마음이 떨렸다
열심히 타길래
건강을 회복시키기는 시간문제였다

얼마나 지났을까
타지 않는 날이 자꾸 늘어나더니
마침내 싫증을 낸다

먼지가 쌓이더니 옷을 걸쳐놨다
나의 존재 이유는 사라지고 옷걸이가 되었다
다시 나다울 수 있을까

나의 동반자

이 금 순

20여 년 전 65세 때 용기를 내어
운전학원에 다녔다
필기, 기능, 주행까지 합격하고
운전면허증 받던 날
기쁘고 감격하여
한참 동안 눈물을 쏟았다
다리와 허리가 아파
혼자 걸을 수 없는 지금
항상 나와 같이하는
나의 동반자가 없으면
하루도 살 수 없다
지금 생각하니 그때 참 잘했다

그리운 어머니

이 금 순

하얀 밀가루로 수제비 하다 보니
어릴 적 해방 직후 부모님들
고생하시던 생각이 난다

통밀을 맷돌에 갈아 호박잎 넣고 끓인 수제비는
색이 누리끼리하고 거칠어서 먹기 힘들었다
한 그릇으로 부족했던 엄마가 해주신
거친 수제비 먹던 한여름 저녁이 그립다

봄이 오는 길목

이 금 순

우리 집은 언덕 위의 집이라
눈이 오면 외출을 못 한다
언제 겨울이 지나가나 겨우내 기다린다

봄바람이 가슴에 스며들고 꽃이 피고
나뭇잎이 연두색으로 피어오르겠지
생각만 해도 좋다

봄이 오는 것은 좋지만
이웃은 해야 할 농사일을 걱정한다
동네 사람 대부분이 나이 든 노인이라
일하기가 힘이 들어 걱정이 앞선다

제주도 여행

이 금 순

두 딸 부부와 다섯이 가족 여행을 갔다
복지가 잘 되어 있어 비행기 타기 전부터
승무원들이 노인인 나를 최선을 다해
도움을 주는 것에 감격했다

2박 3일 동안 가고 싶은 곳 가고
먹고 싶은 것 마음껏 즐기며
경치 좋고 공기 좋고 바다 좋은 곳에
있으니 피곤한 줄 모르고 즐겁고 행복했다
제주도는 바다 나무 돌 바람이 많다
외국에 온 것 같이 좋았다
또 가고 싶은 우리나라 섬이 자랑스럽다

혼자라는 것이

이 금 순

생각지도 못한 날 떠나가시었다
혼자 남으니 낮잠 자던 내가
밤잠 못 자 밤을 지새운다

12식구 대가족이 살다가
자녀들과 외로운 것 모르고 살다가
혼자되니 앞이 캄캄하고 겁이 난다

아무것도 할 수가 없다
있을 때 잘하라는 말이
그냥 하는 말이 아니었다

두레반상

이 금 순

온 가족이 둘러앉아
밥 먹던 두레반상
방구석에서 뽀얗게 먼지 쓰고 있다

상 대신 식탁이
편하긴 하지만
밥상에 둘러앉아
밥 먹던 시절이 그립다

은행잎

이 금 순

파랑이 노랑으로 옷 갈아입으면
관심과 사랑받기 시작하는
노란 은행잎

날씨가 좋을수록 감탄이 끝이 없고
비가 오면 땅으로 내려와
귀찮은 존재가 되는

밟히고 걷어차이는 낙엽처럼
우리 역시 그와 같으니
잠잠히 흙으로 간다

제비

이 금 순

처마 끝에 흙집 짓고
한 지붕 아래 살면서
새끼 낳아 키우더니
가을바람 불자 고맙다고
동료 몇십 마리 불러왔지

빙글빙글 돌면서
공중 곡예 펼치며
지지배배 작별 인사하고
먼 길 떠난 제비
문가에 서서 그를 기다린다

자봉틀

이 금 순

등잔불 켜 놓고 손바느질하다
서양 문화 따라 기성복 들어오니

집에서 옷 만드는 여자
미싱으로 예쁘게 옷 만들고

미싱이 혼수였다가
지금은 미싱 없이

예쁜 옷 멋진 옷
사 입어 백수 된 자봉틀

버스

이 금 순

걸어서 다니던 길을 버스만 타면
어디든지 갈 수 있던 세상
북새통이던 차부가 변했다

버스 타는 사람 드물어
지방으로 가는 버스 사라져
나이 든 사람 불편하고
종합버스터미널은 배고프고 쓸쓸하다

이유선

서평
계절
겨울 참새
다짐
여섯 살 꼬마 채이

서평 : 김종대 시인 · 문학평론가

　이유선 문우는 계절의 변화와 그로 인한 감정을 흐름을 아름답게 담아낸다. 겨울의 정적에서 시작하여 생명력 넘치는 봄의 모습으로 이어지는 과정은 자연의 순환을 통해 시작을 알리는 메시지를 전하고 있다.
　시의 첫 연에서는 겨울의 앙상한 나무가 파란 잎새로 변모하는 모습이 그려지며 재생과 희망을 상징한다. 이어지는 아카시아꽃 만개는 그 자체로도 화려하지만 온 동네를 뒤덮는 꽃향기는 단순한 향기를 넘어 삶의 기쁨과 행복으로 감각적인 경험을 선사한다.
　전체적으로 계절의 아름다움과 감정의 변화를 섬세하게 표현하며 따뜻한 감동을 주고 있다.
　자연과 교감을 통해 삶의 의미를 되새기게 하는 서정시로 계절의 변화가 주는 감사와 감정을 자연친화적으로 이끌며 그 속에 담긴 그리움과 추억들이 어떻게 한 편의 시로 탄생하는지를 잘 보여주고 있다.

계절

이 유 선

겨우내 앙상하던 앞산
파란 잎새 자랑하더니
금방 꽃망울 터트렸죠

함빡 핀 아카시아꽃
온 동네를 꽃향기로
뒤덮어 현기증이 나죠

계절이 바뀔 때마다
눈뜨면 황홀하고
생각에서 감사가 터져요

겨울 참새

이 유 선

이른 아침부터 참새 떼가 눈밭에 앉았다
주둥이로 콕콕 쪼며 모이를 찾느라
발자국이 어지럽다
한참을 쪼고 있더니 하늘로 훨훨 날아간다
그 모습이 어찌나 가여운지 눈시울이 젖었다
'이곳엔 나의 먹이가 없구나' 헛탕 치고 날아가는
새를 보다가 아이고 하면서 눈물이 쏟아졌다

다짐

이 유 선

어느 날 갑자기 거울에 비친 내 모습이
초라하게 느껴졌다
게이트볼, 그라운드골프, 탁구공을 치면서
오랜 세월 지나는 동안
운동이 맺어준 좋은 사람들
웃음과 기쁨과 행복함을 느끼며 살아왔는데
내 나이 여든셋 모든 것이 예전 같지 않다
나 비록 연약하지만
희망을 품고 남은 생을 살고 싶다
마음속에 지혜로운 생각과
사랑하는 생각을 새기면서

여섯 살 꼬마 채이

이 유 선

쬐끄마한 꼬마 채이는
아침마다 아빠 손잡고
총총히 집을 나서요
유치원 차를 타기 위해
빨리 걸어가는 모습을
꽃 보듯 한참 동안 바라봐요

사랑의 눈길로 쑥쑥 크며
마을 사람 웃음꽃 피게 만드는
채이는 천재로 태어난 거 같아요

이윤자

서평
우리의 인연
마음에 핀 꽃
아버지
소풍

서평 : 김종대 시인 · 문학평론가

이윤자 문우는 순수한 의식 속에서 내 안의 아름다운 사랑을 만나고 있는 것이다.

「우리의 인연」은 인연의 소중함과 사랑의 감정을 표현하고 있다. 바람을 타고 날아온 어린 천사 유채이와 만남으로 만남은 우연이 아닌 운명적 인연으로 묘사된다.

"고사리 손에 한 송이 장미꽃 들고" 나타나는 모습은 순수한 사랑의 상징으로 따뜻한 감정을 불러일으키고 있다.

시의 모티브 유채이는 열두 명의 언니를 만들어 가며 그들과의 관계 속에서 웃음꽃이 피어나고 있다.

특히 60세의 나이 차이를 두고 첫 번째 언니로 인연을 맺은 이윤자 문우는 인연의 아름다움을 느끼며 나이와 상관없이 사랑이 어떻게 피어날 수 있는지 중요한 메시지를 담아내고 있다.

인연이란 단순한 만남이 아니라 인연이 우리에게 주는 위로와 기쁨, 서로의 삶을 풍요롭게 만들고 결국 우리를 더 슬기로운 사람으로 만들어 준다는 정감 어린 여운을 남기고 있다.

우리의 인연

이 윤 자

바람 타고 날아와
뿌리내린 지 몇 년이 흘렀다네
유월의 끝자락, 어느 날 오후
고사리 손에 한 송이 장미꽃 들고
나타난 어린 천사 유채이

한 뼘씩 우리 마을 귀염둥이 되어
열두 명의 언니 만들어
칠판에 이름 적어놓고
나직이 불러줄 때마다
너나없이 웃음꽃이 피었다네

60세 나이차를 두고
첫 번째 언니로 인연을 맺었는데
첫사랑이 이리도 달콤할까
하늘은 항상 무지개색
우리의 인연 영원하리라

마음에 핀 꽃

이 윤 자

태양이 웃으며 솟아오르면
분주하게 움직인다
해님 바라보며 피어나는 꽃 친구들
여기저기서 활짝 웃는다

끝이 보이지 않는 유리온실 안
서로 눈 맞추자고
손잡아 달라고 칭얼댄다
이쁘다 이쁘다 정말 예쁘다

날마다 예쁜 꽃이 곁에 있어
머리도 웃고 마음도 웃는다
원 없이 마음껏 웃는다
마음에 들어와 꽃이 웃음으로 핀다

아버지

이 윤 자

이른 새벽, 짙은 안개 헤치며 달린다
마구산이 하늘을 떠받치고 있는
아주 작은 마을 금어리로
계절 따라 고추, 노각, 배추, 알타리
하루에 열 번씩 눈도장, 발소리로
키우시며 매일 스포츠 센터에 다니시는

예순을 훌쩍 넘은 막내딸이 한 달에 한 번
정오의 해처럼 웃으시는 그 모습 뵈러 가는
소풍이 십 년 전부터 두려웠다

회 한 접시로 충분한 아빠 한입 나 한입
소소한 기쁨이 바람결에 사라질까
더 자주 가고 싶지만 녹록치 않다

93년 동안 제자리 지켜주시는 아버지
그분이 계셔서 눈 뜨면 달려가고 싶고
눈 감으면 선명하게 보이는
산으로 병풍 친 하늘 아래 첫 동네

소풍

이 윤 자

잠시 갔다 오는 길, 내일이
이토록 늦장 부린 적 없었는데
내 속 까맣게 타다가 터질 것 같았다

엄니가 싸준 김밥 삶은 달걀 몇 개
과자 음료수 없어도 마냥 즐거워
손에 손잡고 논두렁 밭두렁 걷다 보면
도착한 어매실 솔밭

아이스깨끼 외치는 소리
아이들 홀리는 장난감 장수
엄니가 주신 이십 원 갈팡질팡
차마 아까워 내보내지 못했다

육십이 훌쩍 넘어 떠나는
마을 선견지 견학
등산복 차려입고

회관 앞 대기 중인 관광버스 오르니
팔도강산 어디든 정복할 기세지만
도착한 곳 산이 아니어서 다행이다

정명숙

서평
마을회관 / 알고도 속고 모르고도 속고
흰눈 / 거짓말
약보따리 / 옛 생각
엄마와 칼국수 / 장 담그는 날

서평 : 김종대 시인 · 문학평론가

   그곳에 가면 그리움이 있다.
   정명숙 문우는 「마을회관」을 통해 공동체의 따뜻함과 소통의 즐거움을 감성적으로 표현하고 있다. 마을회관이 단순한 건물이 아니라 사람들의 웃음소리와 정이 모여드는 특별한 장소임을 의미한다.
   "신세계가 펼쳐지는 동양화"라는 시어는 마을회관에서 조심스럽게 한 장씩 내려놓는 모습을 기대와 설렘의 순간으로 포착하며 그 과정에서 느끼는 마을 사람들 간의 유대감을 더욱 깊은 정감으로 표현해 간다.
   "인간 삶의 장이 서고" 마을회관은 모임의 장소로써 삶의 다양한 이야기가 펼쳐지는 무대임을 보여준다.
   아쉬움 속에서 그림 맞추기가 끝나고 "네 것 내 것 없이 공평하게 분배되어"는 공동체의 화합과 나눔의 정신을 강조하며 서로의 존중과 배려하는 따뜻한 마음을 드러낸다.
   「마을회관」은 언제나 따뜻한 인정이 넘쳐나는 공간으로 남아 있기를 바라는 정명숙 문우의 진정한 마음을 염원하고 있다.

마을회관

정 명 숙

자꾸만 가고 싶다
짝 맞는 그림들이 모여지고
형님 아우 웃음소리가 섞이는 곳

신세계가 펼쳐지는 동양화
두근대는 마음으로 한 장씩 내려놓고
큰 재산이 모일 때 기쁨이 넘친다

인간 삶의 장이 서고
아쉬움에 그림 맞추기가 끝나면
네 것 내 것 없이 공평하게 분배가 되어
여가시간을 보내는
참 좋은 우리 마을회관이
자꾸만 가고 싶다

알고도 속고 모르고도 속고

정 명 숙

힘이 난다

된장국을 해줘도
콩나물국을 해줘도
"할머니 최고"

엄지 척에 뽀뽀세례를 해주는
여섯 살 쌍둥이 손주 놈들

쑥쑥 커가는 모습 보면
기쁘고 행복하고 감사하다

흰눈

정 명 숙

새벽녘 창문을 열었더니
밤새 쌓인 눈이 40센티
우리 집 상징
100살 80살 50살 노송들이
처참하게 부러져 허리만 남았다

쌍둥이 손주와 강아지는
좋아라 나뒹구는데
나는 아픈 허리가 더 아프다
두툼한 눈을 보니 어릴 적
제일 좋아하던 백설기가 생각난다

거짓말

정 명 숙

남들은 말한다
굵고 짧게 살다 가고 싶다고

나는 가늘고 길게라도
오래 살고 싶다

뭉게구름을 보면
두둥실 날아다니며
온 세상 구경하고 싶다

약보따리

정 명 숙

내 손바닥 위의 약은
십여 종이 넘는데
종류가 자꾸 늘어간다

하루하루 버틸 수 있는 원동력
없어서는 안되는 보배다

거울 속의 내 모습은
언제나 웃는다
더도 덜도 아닌 이대로 버텨보자

옛 생각

정 명 숙

연날리기, 윷놀이, 흥겨운 풍물
맛나는 오곡밥 먹으며 즐기는
정월대보름

쟁반보다 더 큰 보름달 아래서
논바닥 쥐불놀이
깡통에 불씨 담아 돌리며
개불아 찌불아 외치던 시절
아홉 가지 나물에
아홉 번 밥을 먹어야 되는 정월대보름

엄마와 칼국수

정 명 숙

해 질 녘 멍석 깔고 저녁 한 끼는 으레껏
밀가루 반죽에 날콩가루 한 줌 넣어
홍두깨로 밀어 굵직하게 썬
칼국수를 끓여 온 가족이 둘러앉았다

모닥불 피워놓은 볏단, 솔가지
희뿌연 한 연기 맡으며
여섯 번째로 배급받아 맛있게
먹다 보면 배가 금세 채워진다

일흔둘에 다시 못 올 먼 길 가신 엄마
나도 어쩌다 보니 일흔이 넘었는데
칼국수 간판만 봐도 엄마 생각이 난다
칠 남매 거둬 먹이느라
얼마나 힘드셨을까

장 담그는 날

정 명 숙

앞으로 몇 번이나 더 할 수 있을까
스스로에게 묻는다
2025년 3월 2일
손 없는 "말"날에 장을 담그면
탈이 없다는 그날
정성 들여 다소곳이 장을 담갔다

소금물에 메줏가루, 씨간장 섞어
된장 담고
엿기름물에 고춧가루, 메줏가루
조청과 매실청 넣어 고추장을 담고

곱디고운 빛깔이 나도록
셀 수 없이 저으며 새끼손가락으로
콕 찍어 여러 번 맛을 본다
2년마다 장을 담는 일은
번번이 설레고 뿌듯하다

정창분

서평
나의 동반자 / 여름이 되면
나를 품어주는 단어
눈처럼/ 행복하고 보람된 삶
농부는 즐거워
그녀가 가는 길 / 내 새끼

서평 : 김종대 시인 · 문학평론가

  정창분 문우의 「나의 동반자」는 자전거를 통해 삶의 여정을 함께하는 동반자에 대한 깊은 애정과 회상을 담고 있다. 정창분 문우는 자전거를 단순한 이동수단이 아닌 자신의 인생에서 중요한 동반자로 묘사하며 자전거 속에 담긴 추억과 감정을 섬세하게 풀어내고 있다.
  "달 밝은 밤 저녁마다" 자전거를 배우기 위해 모이는 모습은 공동체의 따뜻함과 서로를 응원해 주는 정을 느끼게 한다.
  시어머니와 며느리들이 함께 자전거를 배우는 장면은 세대 간의 소통과 연대감을 형성하며 삶의 기쁨을 나누는 소중한 순간들을 포착한다.
  이제 80세가 된 정창분 문우는 "나의 동반자 자전거만 남아"라는 구절에서 인생의 동반자였던 남편의 부재를 느끼며 자전거가 빈자리를 채워주는 존재임을 상기한다.
  정창분 문우는 자전거를 통해 삶의 기쁨과 슬픔, 그리고 사랑을 나누는 과정을 아름답게 그려내며 삶 속에서 느끼는 상쾌한 바람과 함께 소박한 마음을 생생하게 전달하고 있다.

나의 동반자

정 창 분

걸어서 밭으로, 들로 일하러 가다가
내 눈을 단박에 잡아끈 자전거
이웃 아주머니 자전거 타시고
논물 보러 가는데

그 모습 부러워 이야기하니
남편 선생님 따라나섰다가
제방 둑 아래 경사진 길
뒤에서 밀어주던 손을 놓아

겁에 질려 넘어져 깨진 무릎
달 밝은 밤 저녁마다
동네 아즈매 회관 앞에 모여
자전거 빌려 타고 배우기 시작했지

시어머니들 며느리 자전거 배운다니
신기해 나오셔서 응원하고
낭군님이 사다 주신 자전거
내 차 생긴 것 같아 잠이 오지 않았지

이제 내 나이 팔십이 낼모렌데
낭군님은 서둘러 가시고
나의 동반자 자전거만 남아
나 태우고 기분 좋게 달리네

밭이든 어디든 데려다주니
행복의 페달 밟아 날개 펴고
상쾌한 바람과 함께
날마다 쏘다닌다네

여름이 되면

정 창 분

뒤울* 안에 네모난 텃밭
오이 모종을 심고 하룻밤 지나
보면 언제 크는지
하루하루 내 눈길을 끈다

오이가 맺혀있는 노란 꽃,
얼마나 자랐을까 수시로 보다가
오이를 따서 어머니에게 보이니
언제 이렇게 컸다니 신기하게 보시던 어머니
지금도 오이만 보면 어머니가 하시던
말씀이 등 뒤에서 들린다

*뒤울: '뒤곁'의 방언

나를 품어주는 단어

정 창 분

미장원에서 할머니들이 물어보신다
"몇이나 되셨수?"
할 말을 잃고 "얼마 안 되었어요" 하면서도
내 얼굴은 세월을 말하고 있다

며느리란 이름표로 살 때는
청춘인 줄 알았는데
세월은 거짓말을 안 한다
겉사람은 낡아지나 내 속에는
나를 품어주는 행복이란 단어가 산다

눈처럼

정 창 분

흰 눈이 펑펑 내린다
하루 종일 내린 눈이
온 세상을 흰쌀가루로
덮어놓은 것 같다

마당에 사는 소나무
눈의 무게를 못 이겨
늘어진 채 산다
말없이 무게를 짊어진 소나무
얼마나 무거울까

하나님이 햇빛 비추시니
쌓였던 눈이 녹기 시작하고
나뭇가지도 어느새
늘어진 팔을 올린다

지나온 삶도
무거울 때가 있었다
하염없이 걸어온 길
가슴을 적시며 눈처럼
녹아 흐른다

행복하고 보람된 삶

정 창 분

지금 이 순간
이 세상에 존재하는
누구나, 마음대로 왔다가
마음대로 가는 인생 아니니
흘러가는 구름처럼
스쳐가는 바람처럼 살 것인가

주어진 모든 순간이 은혜요
감사로 여김이 행복이오

만나고 헤어짐은 우연이지만
만나는 동안
마음을 서로 나눔이
더 큰 보람이라오

농부는 즐거워

정 창 분

하얗게 내리던 눈
온데간데없고
코밑을 움직이는 봄 내음

지난가을에 심어놓은
마늘, 양파 덮여있던 이불
젖히니 선보러 나온 파란 얼굴

주인 손길 따라
예쁘게 자라는 작물
여름내 주인의 땀 먹고

하늘의 빛으로, 물줄기로
가을이 되면 풍성한 열매 되어
주인장의 가슴에 안겨주겠지

그녀가 가는 길

정 창 분

휴양 삼아 시골 왔다는데
병색이 완연하던 그녀
세월 가니 뚜렷해졌다

동네 궂은일 발 벗고 나서는
잠재력 풍성한 시인이라
출판기념회마다 초대받아 다닌다

우리는 생각 없이 걸어온 이 길을
아픔을 온몸으로 감당하며
흉내 내기 힘든 가시밭길 걸어가는

성한 곳이 없는데 괴로운 내색 없이
모인 자리에 웃음으로 활기를 주고
시가 사는 마을로 이끌어 준다

내 새끼

정 창 분

어미의 길은 가도 가도 끝이 없다
자식 키워 시집보내면 되는가 싶었더니
자식 낳기만 하면 되는 줄 알았더니
손주 공부 시키면 되는 줄 알았더니
손주들 시집보내는데 애쓰더니
직장 다니면서 딸의 딸 산바라지하는
내 새끼, 딸은 지 새끼 생각하느라
괜찮다고 하는데 내 눈엔 내 새끼만 보인다
쳐다보면 안쓰럽고 측은하여 온통 뿌옇다

조재분

서평
마늘
무서운 돈뭉치
술
오일장날
풀

서평 : 김종대 시인 · 문학평론가

  조재분 문우는 「마늘」을 통해 자연의 순환과 생명의 경이로움을 섬세하게 표현하고 있다. 마늘이 겨울잠에 드는 모습으로 시작하여 그 속에서 꿈꾸는 듯한 상상을 불러일으킨다.
  "시월에 이불 덮고 / 겨울잠에 든 마늘"이라는 첫 구절은 마늘이 자연의 리듬에 따라 휴식을 취하는 모습을 아기자기하게 그려내고 있다.
  "겨우내 이불 속에서 / 파란 꿈을 꾸다가" 표현은 마늘이 단순한 생명체가 아니라 꿈과 희망의 존재로 묘사하고 있다.
  "싹이 돋아났어요"는 그 꿈이 현실로 이어지는 순간을 포착하여 생명의 시작을 알리는 기쁨과 마늘의 성장과 변화를 주는 지속적인 자연의 신비로움을 상기시키고 있다.
  조재분 문우의 「마늘」이라는 사물을 통해 삶의 깊은 의미와 자연의 아름다움을 발견하며 생명과 꿈, 그리고 자연의 순환을 상징하는 모티브로써 삶의 소중함을 다시 느끼게 한다.

마늘

조 재 분

시월에 이불 덮고
겨울잠에 든 마늘

겨우내 이불 속에서
파란 꿈을 꾸다가

꿈인 줄 알았더니
싹이 돋아났어요

이불 벗고 햇살 받으면
싱싱한 마늘이 쑥쑥

수십 년 봐도
보면 볼수록 신기해요

무서운 돈뭉치

조 재 분

술 취해서 엉뚱한 소리를 한다
증권을 판 거액의 돈을 어디다 놨는지
기억을 못 하고 본 적도 없는 나를
의심하며 다그쳤다

분해서 온 집을 뒤졌다
장롱을 뒤졌더니
700만 원 돈뭉치가 나왔다
막상 돈을 보자 무서웠다

의심을 할까봐 부리나케 뛰어갔다
돈이 여기 있다고 알려줬으나
미안하단 말 한마디 없다
최 씨는 사과하는 법이 없다

술

조 재 분

남편은 술을 좋아한다
유월 어느 날, 남편 친구가 왔다

몇 시간 술을 마신 후
남편은 11시에 트랙터를 몰고
논으로 물 끄러 가고
친구는 집으로 가고
나는 잠깐 잔 것 같은데
눈 떠보니 새벽 다섯 시다
남편이 없다

놀라서 여기저기 찾으러 다녔다
저쪽 논에 낯선 게 보였다
무섭지만 다가갔더니
트랙터가 뒤집혀있다

그 옆에 앉아 있던 남편이 픽 쓰러졌다
밤새 논바닥 흙을 파고 나왔다가
나를 보자 기절한 것이다
진흙투성이에 양쪽 다리가 퉁퉁 부었다
조금만 늦었어도 큰일 날 뻔했다
응급실에 실려 가서 며칠 동안 입원을
하고서야 살아났다
그러고도 술 좋아하는 습관은 계속되었다

오일장날

조 재 분

이 고추 얼마요
만 삼천 원이요
늦가을 파란 고추
시집보내는 장날

후딱 지나가는 하루
뒤쫓아 사라지는 고추
사월 말에 고추 심자
오일장날 그리웁다

풀

조 재 분

눈 뜨면 보이는데
안 할 수도 없고
뽑자니 허리 아프고

방법은 딱 한 가지
안 보이는 아파트로
가고 싶다

솥 떼어놓고 삼 년
이 방법 저 방법
떠나기가 죽는 것만큼 어렵다

조한분

서평

텃밭

낮잠

손주 사진

계절

서평 : 김종대 시인 · 문학평론가

　조한분 문우의 「텃밭」은 일상의 소소한 순간들을 통하여 자연과 인간의 관계를 그려낸 작품이다. 시의 첫 구절인 "굽은 허리 휜 손가락"은 노동의 흔적을 담고 있으며 그로 인해 삶의 무게에 반복적인 일상으로 텃밭을 가꾸는 화자의 모습이 생생하게 그려지고 있다.
　"호미 한 자루 데리고"라는 표현은 단순한 농기구 묘사를 넘어 땀과 정성을 의미하며 "작은 밭에서" 계절을 가꾸는 계절의 변화 속에 그 안에 담긴 노력과 사랑이 자연의 리듬에 따라 살아가는 농부의 삶이 잘 드러난다.
　이어서 "환하게 웃으며 자란다" 마지막 구절은 자연이 주는 기쁨과 식물이 자라는 모습에서 삶의 보람과 가능성을 상징적으로 보여주고 있다.
　결국 「텃밭」은 자연과의 조화를 통해 삶의 의미를 탐구하며 농사라는 일상적인 행위를 통해 자연과 공존하는 작가의 마음을 잘 담아내고 있는 작품이다.

텃밭

조 한 분

굽은 허리 휜 손가락
호미 한 자루 데리고

작은 밭에서 가꾼 계절
환하게 웃으며 자란다

낮잠

조 한 분

밥 먹고 나면 내려오는 눈꺼풀
작은 베개에 머리 기대고
잠깐 눈 붙여볼까 했는데

바깥은 여전히 분주해도
세상의 속도를 잠시 늦추며
평화롭게 놀다 가는 낮잠

손주 사진

조 한 분

작은 액자 속 웃는 얼굴
'이놈이 벌써 이렇게 컸네'
볼 때마다 나오는 혼잣말
주름 사이로 햇살이 번진다

계절

조 한 분

눈 오면 걱정이 앞서지만
일이 없어 회관에 모여
고스톱 치며 웃다 보면
마음 건강이 따라온다

봄바람 불면 정신없지만
꽃 피고 푸른 새싹 돋아나
여기 보고 저기 보고
없던 힘이 따라온다

일 많고 모기 많고
풀은 매도 끝이 없고
땀으로 목욕하면
자꾸 부아만 치민다

최동규

서평
시골 마을 이장 / 거울
몸서리 / 차라리
할 수 있는 만큼
왜곡 / 눈사람

서평 : 김종대 시인 · 문학평론가

「시골 마을 이장」의 숨결에는 소박한 내면의 신선한 향기가 스며있다. 최동규 문우는 백우리 마을 이장으로서 공동체의 소중함과 봉사정신을 깊이 있게 고민하고 있다. 이장이란 단순한 직책이 아니라 주민들의 지지를 바탕으로 책임감 있는 리더십을 강조하며 "참여자의 지지를 먹고산다" 구절에서 공동체 리더가 어떻게 주민들과의 신뢰를 쌓아가야 하는지 주민들의 마음을 하나로 모으는 본질을 잘 이해하고 있다.

"마을회관을 들락거리며 식구처럼 챙긴" 구절은 주민들과의 깊은 유대감을 형성하고자 하는 진정한 마음과 "날로 젊어지는 마을, 살고 싶은 마을로" 이장의 봉사정신과 주민들의 화합이 만들어갈 긍정적인 변화를 상징적으로 나타내며 서로의 마음이 통할 때 마을이 더 풍요롭게 발전할 수 있음을 교훈적으로 전해주고 있다.

짧은 시 속에 담긴 최동규 이장의 사명감과 마을 사랑의 향기가 경향 각지의 등불이 되어 백우리 마을에 꿈과 희망을 안겨줄 것이다.

시골 마을 이장

최 동 규

크든 작든 공동체의 우두머리는
참여자의 지지를 먹고산다
은은하게 우러나오는 깊은 마음이
마음으로 전해지는 진풍경은
출마와 선출 과정에서 드러난다

젊은이가 떠나 기운 없는 시골 마을
젊은 마을 만들기에 앞장서는 우리 마을
화합의 꽃이 피는 데
한 모금 물이 되고 싶었다

그 마음이 전해져
이장 후보로 출마하자마자
주민들의 동의를 얻어 이장이 되었다
마을회관을 들락거리며 식구처럼 챙긴
자그만 성의가 열매를 맺은 것이다

날로 젊어지는 마을, 살고 싶은 마을로
탐스럽게 성장하도록 마음과 마음이
통하는 화통한 마음이
눈을 감으면 환하게 떠오른다

거울

최 동 규

세월이 석양으로 저만치 가는구나
자기 모습이 어떻게 변하는지 모르고 살 무렵
스쳐 지나가다가 새삼스럽게 보이는 모습
이게 무엇인가

있는 그대로 보여주었을 뿐인데 야속하구나
보이는 것은 초라한 모습이지만
마음은 영원히 초심을 유지하고 싶구나

몸서리

최 동 규

찬바람 불다 멈출 무렵
하늘에 올라가지 못해
하얗게 얼어붙은 서리처럼

치욕이 몰아칠 때
싸늘히 식어가는 온몸에
느껴지는 몸서리

차가운 마음 어디에서 녹일까
쓸쓸하고 괴로운 이 마음
누가 녹여줄 수 있을까

차라리

최 동 규

중간 이상은 가고 싶은데
가도 가도 멀기만 하니
서 있는 위치에 미련만 남아
자꾸 시계만 본다

저물어가는 해와 마주 앉아
멍하니 인생을 되돌아보니
갈 곳 없이 머무느니
차라리 존재하지 않았으면

할 수 있는 만큼

최 동 규

되돌아볼 겨를 없이
무엇인가 될 것 같아
아쉬움 없이 달렸다

차가운 시선과
싸늘한 기운이 도는 순간
아차 싶더라

꼭 된다는 생각에 취해
부족하고 어리석은 부분은
보이지 않았지

할 수 있는 만큼이
성공으로 가는 비결인데
아쉬움만 남았다

왜곡

최 동 규

안 하는 것보다 하는 게
난 것 같아서
무작정하려고 작정하면서
남의 뜻은 조금 섞이고
내 뜻대로 흐르다 보면
탁한 계곡물 훤히 보이리라
분명히 보이리라

눈사람

최 동 규

눈사람 투수가 끝나고 한가롭다
떠들썩한 소리에 홀려 나가 보니
어린아이들이 눈사람을 만든다

검은 숯으로 만든 눈 코 입
더 이상 할 수 없는 그 자체
겉과 같이 속도 하얄 것이다

어린아이들이 만든 눈사람
보기에 참 좋다
세상 모든 것이 눈사람이면

최흥영

서평
그대
제철

서평 : 김종대 시인 · 문학평론가

　최흥영 문우의 시「그대」는 삶의 긴 여정을 함께한 농부의 사랑 이야기를 진솔하게 풀어내고 있다. "돌아보니 예순여덟"이라는 구절은 속절없는 세월을 느끼게 하며 마흔셋이라는 시간 동안 세월의 무게를 함께한 소중한 기억들을 회상하고 있다. 특히 참외, 오이, 가지, 황기, 당귀라는 생생한 이미지들은 삶의 단면을 보여주며 힘든 노동 속에서도 서로를 지탱해준 그대의 존재를 강조한다.
　"그대와 함께 궂은일 좋은 일 / 견디어 내니" 구절은 서로의 존재가 얼마나 큰 위안이 되었는지, 또한 기쁜 날 힘든 날 모두가 함께한 기억으로 남아 사랑이란 결국 함께 나누는 것임을 깨닫게 한다.
　마지막 연에서 "모든 날이 추억이다."라는 문장은 모든 날들이 그대와의 기억으로 아름답게 변모하여 시간이 지나도 여전히 따뜻한 마음을 승화시키고 있다. 최흥영 문우는 세월의 흐름에서 단순한 사랑의 고백을 넘어 서로의 존재가 얼마나 큰 힘이 되는지를 사랑의 지속성과 풍부한 추억들은 독자에게 깊은 메시지를 전해 줄 것이다.

그대

최 흥 영

돌아보니 예순여덟
그대와 살아온 마흔셋

참외, 오이, 가지, 황기, 당귀
닥치는 대로 힘들게 왔건만

그대와 함께 궂은일 좋은 일
견디어 내니 모든 날이 추억이다

제철

최 흥 영

겨울은 농부들의 제철
봄 오면 좋은 시절 다 지나

논에 거름 내고 갈아엎고
동네 어르신들 논, 밭으로

감자 심고 파 모심고
얼마 지나 논밭 파랗게 되면

더운 여름, 가을 지나
또다시 쉼 있는 겨울이라 좋다

한효선

서평
수탉과 암탉 / 거위
느티나무 / 봄날
3월 어느 날
손녀 시집 가는 날

서평 : 김종대 시인 · 문학평론가

　한효선 문우는 닭들이 사는 자연환경 속에서 자유롭게 노는 모습과 깊은 사랑을 소박하게 표현하고 있다. 특히, 수탉이 암탉을 보호하고 챙기는 모습은 서로를 배려하고 아름다운 삶의 의존성을 보여주고 있다.
　"암탉이 꼬끼오 울면"이라는 구절에서는 생명의 소중함과 함께 알을 낳는 과정이 마치 할머니에게 전하는 정겨움으로 느껴져 한 가족으로써 연결고리를 구현해 내고 있다.
　또한, 유정란이 주는 건강함은 단순한 먹거리를 넘어 삶의 원천과 의미를 지니며 한효선 문우는 닭과 함께하는 시간을 통해 자연의 순환과 생명의 소중함을 느끼게 한다.
　한효선 문우의「수탉과 암탉」은 인간과 자연, 그리고 생명 간의 깊은 연관성을 표현하는 감성적인 작품이다.
　독자는 일상 속에서 상생의 소중한 가치를 되새기게 되며 "수탉과 암탉"의 관계는 단순한 생물학적 관계를 넘어 사랑의 조화를 상징적 작용으로 담아내고 있다.

수탉과 암탉

한 효 선

우리 집은 자연인이 사는 집처럼
동네에서 외진 곳
산으로 둘러쳐 있어서
닭 키우기 좋은 장소다

닭들은 금실이 좋아
수탉은 암탉을 늘 데리고 다닌다
낮엔 산에 가서 놀다가
저녁이 되면 집으로 돌아온다

먹을 것을 주워도
암탉부터 챙기고
사이좋게 사는 모습이
예쁘고 사랑스럽다

암탉이 꼬끼오 울면
"할머니, 알 낳았어요
얼른 꺼내 가세요"
하는 것 같다

유정란은 보기만 해도
몸이 건강해지는 것 같다
건강할 때까지는
닭과 함께 지내고 싶다

거위

한 효 선

작은 아들이 데려온 거위 두 마리
난생처음 거위를 키우게 되었다
처음에는 예쁘고 귀엽더니
갈수록 소리가 커지고 낯선 사람만
보면 찍으려고 달려드니까
보는 이마다 없애란다

어쩌다 근처에서 일하는
외국인 근로자가 닭을 사러 온다
거위도 사 가라고 했더니
싫다며 손사래를 친다

어떻게 하면 좋을까
누가 사 가면 좋을 텐데
고민했더니 운 좋게
서울 사는 지인이 거위를
키워보고 싶다면서 데리고 갔다

거위는 어디를 가도 잘 살 거다
막상 거위를 보내고 났더니
섭섭한 마음과 시원한 마음이 겹친다
거위야 사랑받으며 잘 살아야 해

느티나무

한 효 선

내 방 창가로 보이는 느티나무
여름내 푸르고 힘찬 모습을 보면
마음이 기쁘고 좋다

겨울 맞아 나뭇잎은 다 떨어지고
앙상한 가지만 남아
너무 쓸쓸해 보인다

'두세 달만 더 견디자
번번이 그랬던 것처럼 또 다른 색깔로
옷 입고 힘찬 모습이 될 테니까'

봄날

한 효 선

햇살이 따스하게 내리쬐면
우리 동네 냇가 버들강아지 피고
머지않아 우리 집 뒤뜰엔
노란 개나리 피고요
산에는 울긋불긋 진달래 벚꽃 필
생각만 해도 마음이 흐뭇해요

3월 어느 날

한 효 선

날씨가 따뜻하다
집에 있기 아까워
바구니 호미 들고
밭으로 나갔더니

파 마늘 냉이가
기지개를 켜고 있다
파릇파릇 자라나고 있다

추위를 이겨내고
자라는 모습
정말 신기하다
봐도 봐도 신기하다

손녀 시집 가는 날

한 효 선

진작에 갔어야 했는데
잘 되었다 좋다 하면서도
한편으론 아깝고 서운하다

가서 축하해 줘야 마땅하나
혹시 쓰러지기라도 해서
분위기 망칠까 나서지 못하겠다

생기는 대로 자손 낳고
알콩달콩 잘 살면 더 이상
바랄 게 없다

허미영

서평
시 / 밥상 차리는 남자
자동차 / 텔레비전
연 / 바람 / 모내기

서평 : 김종대 시인 · 문학평론가

　아무리 세월이 흘러도 소의 사랑은 삶의 동반자며 버팀목이자 농촌문화의 일부로 끊임없이 작품 소재로 등장하고 있다.
　"흘러가는 세월이 시다" 허미영 문우는 농부의 삶 속에 소와 함께 보낸 긴 세월을 회상하고 그 과정에서 느낀 생각과 감정을 진솔하게 드러내고 있다.
　특히 "소 닮은 내가 보인다" 의인법의 비유적 표현이 인상적이며 예사롭지 않은 시심을 불러일으키고 있다.
　자연의 섭리를 따르고 땀 흘려 일구는 삶 속에서 우러나오는 진심은 다른 어떤 세련된 언어보다도 삶의 지혜가 배어나는 강력한 힘을 가진다.
　소는 허미영 문우의 삶의 동반자로서 상생의 친화를 통하여 소와 함께 묵묵히 살아온 감정이 잘 녹아들어 있다. 단순한 농사와 소에 대한 이야기만이 아니라 우리가 살아가는 일상 속에 자신의 성찰을 담고 있어 따뜻한 감동을 전하며 진정한 문학의 가치가 어디에 있는지 독자들에게 잔잔한 여운으로 다가갈 것이다.

시

허 미 영

칠십 평생 소와 농사지으며
삽과 농기구만 잡은 손
시를 써 보려고 펜을 잡았다
쓸 건 많은데 적어보려니
이 생각 저 생각 복잡하다

살아오면서 느낀
지난 생활을 돌이켜보니
소하고 살아온 50년
소 닮은 내가 보인다
소처럼 묵묵하게 산
흘러가는 세월이 시다

밥상 차리는 남자

허 미 영

아내가 김 공장 다닌 지 어느새 10년
그곳에서 가장 나이가 많은 고참이
다닐 수 있을 때까지 다닌다는
즐거운 표정이 도리어 안쓰럽다

아침은 언제나 분주하다
손맛 대신 정성으로 차린
밥상은 가끔 푸짐하다
콩나물무침, 김치찌개, 우유 한 잔
귤, 딸기, 사과 조금

한 가지만 있어도 된다면서
뭐든 맛있게 먹으며 환하게 웃는 아내
넉넉하지 못한 처지를 생각하며 기도한다
사랑하는 나의 아내여
오늘도 무사히

자동차

허 미 영

삶의 도구가 되어
40여 년 함께하는 동안
나는 운전석에 앉으면
항상 묵상기도를 한다

오고 가는 모든 차를
안전하게 지켜달라고
이 몸이 집에 도착할 때까지
지켜주소서

아내가 시장 가자 말하면
부릉부릉 시장 가서
크고 작은 많은 보따리
얹어도 투덜거리는 법이 없다

거기가 어디든
길 나서면
목적지까지 데려다주니
이젠 얘 없으면
못 살 거 같은 존재다

텔레비전

허 미 영

습관은 눈 뜨자마자 시작된다
리모컨을 잡고 티브이를 켜
밤새 무슨 일이 일어났는지
뉴스를 본다
슬픈 연속극을 보면 눈물이 나고
예쁜 장면이 나오면 즐거운
요 녀석 없으면 무슨 낙으로
사나 싶을 만큼 내 생활의 일부가 되었다

연

허 미 영

연을 만들어 공중에 띄우니
긴 꼬리를 흔들며 날아오른다
하늘 높이 올라가는 연 따라
하늘을 날고 싶다

연처럼 높은 하늘 위에서
내려다보는 생각을 하니
어릴 적 바람 타고 하늘 날던
재밌던 추억이 그려진다

바람

허 미 영

바람이 분다
겨울바람은
손이 시리고 춥지만
바람을 맞으며
사니까 좋다

답답한 마음
찌든 냄새
날려 보내고
시원한 공기를 만드는
바람이 고맙다

모내기

허 미 영

소 대신 트랙터를 몬다
무논에 모내기하기 전
논은 비료와 제초제를 새참으로 먹고
농부는 음료수와 막걸리를 마신다

작고 보잘것없던 모
열흘이면 파릇파릇 생기가 돈다
농부는 생기 대신 걱정을 달고 산다
가뭄걱정 장마걱정

동업자 하늘과 맘 맞춰 한 발 한 발
모심기가 끝나가고 있다
들녘을 바라보며
황금들판을 그려보며 웃는다

서평을 마치며

자연의 삶을 문학으로 승화하다

시(詩)를 쓴다는 것은 내 마음의 등불 하나 켜는 일이다.
들판을 가로지르는 바람과 함께 한평생 흙을 일구며 자연을 벗 삼아 살아온 분들이기에 한 편의 감동적인 서사라 할 수 있다. 봄이면 볍씨를 뿌리고, 여름에는 땡볕 아래 땀을 흘리고, 가을엔 곡식의 숨결을 읽어내며, 겨울이면 마을회관에 모여 된장처럼 숙성된 삶의 이야기를 나눈다.
백우리 마을 시는, 굽은 허리에서 거칠어진 손등에서 자신들의 일상을 순결한 언어로 엮어내어 깊은 울림을 주고 있다.

이들이 쓰는 시는 화려하거나 기교적이지 않다.
흙냄새 나는 문장, 맑고 순수한 생의 기록 등을 마을회관에 둘러앉아 시를 쓰고, 시를 읽으며 웃기도 하고 눈시울을 붉히는 모습에 '시'라는 것은 그들을 위로하는 아름다운 영혼이고 마을 공동체의 유대를 도모하는 순정일 것이다.

누군가는 말한다. 이들의 시는 문학이 아니라 삶이라고. 맞다.

이들의 시는 학문으로 배운 문장이 아니라 몸으로 익힌 문장이다. 농사일 틈틈이 적어둔 구절, 자식에게 말 못한 마음, 새벽닭 울음소리에 깨어 떠오른 언어 한 줄, 그 모든 것이 모여 마침내 한 편의 시가 된다.

진정성 있는 언어는 사람의 마음을 움직인다.

마을 어르신들의 시는 시보다 더 시답고, 문학보다 더 인간적이다. 지성에만 사로잡힌 시가 제시하는 그 어떤 시보다도 깊은 감동을 주는 이유다.

그들이 써 내려간 시를 통해 진정한 문학의 가치가 어디에 있는지, 백우리 마을회관이 앞서가는 '100세 시대의 시 쓰기 사랑'은 경향 각지의 모든 사람들에게 깊은 공감과 여운을 선사할 것이다.

김종대 (시인·평론가)

- 사)한국메타문학협회 발행인
  한국문인협회 감사, 국제PEN 한국본부 이사
  사)메타문학 시창작 지도교수
- 수상 : 김소월문학상, 한국문학신문 평론대상,
  한국문인상, 근정훈장·포장 수훈
- 저서 : 시집 『토담의 수채화』, 『숲, 나를 그리다』 외
- 평론 : 『김소월평전 연구와 비평』

『시가 사는 마을』을 펴내면서
다하지 못한 이야기

문학지도강사 한 연 희

　이천시 농업기술센터가 주관하는 "나눔과 돌봄이 자라는 행복마을 만들기" 사업에 최 씨 집성촌인 백우리가 선정되었다. 다양한 지역역량 강화 프로그램 중 지역에 거주하는 인력 자원을 활용하자는 제안에 마을 분들은 부녀회장인 나를 추천하기로 의견을 모았다.
　여러 번 시집이나 수필 동인지 출판기념회에 모시고 다녀서 추천하신 모양이다. 재능기부로 시작된 어르신 시작(詩作) 교실은 1회로 잡혀있어서 은근히 섭섭했다.

　몇 편의 시가 나오면 서로 나눌 계획이었으나 이러한 시도조차 무모했다. 일기를 쓰라고 해도 어려울 텐데 시로 속마음을 표현하라니 터무니없는 요구였다.
　몇 편의 시라도 건져보려고 매일 마을회관에 나가 글쓰기를 배우고 격려하는 강의에 열중했다.

막막한 속마음을 열기 위해 다양한 질문을 하자 재미있는 이야기들이 나왔다. 주변에 있는 사물 관찰하며 느낀 점, 살면서 기억에 남는 일, 현재의 생활 등을 나누었다.

마지막으로 글을 써 본 기억조차 까마득한 분들이니 얼마나 두려우셨을까. 서로 나눈 얘기를 글로 써보고 퇴고를 거쳐 시의 모습으로 드러나면 신기해서 읽고 또 읽으며 웃었다.

조재분님은 술 좋아하는 남편의 아찔했던 일을 얘기하다 술이라는 제목으로 시를 썼다.

술에 얽힌 시 말미에 '그러고도 술 좋아하는 습관은 계속되었다'에서 모두들 웃음을 터트렸다.

뭐든 시의 소재가 되었고 묻어두었던 애잔한 일들을 생생하게 나누면서 더욱 친밀해졌다.

맞춤법이나 비뚤배뚤 글씨체에 망설여서 초고는 공개하지 않겠다고 하자 편안해하셨다. 달력 뒷면에 써오거나 꽃 편지지에 써온 초고는 워드 작업을 해서 단톡에 올려 공유했다.

글쓰기가 어렵거나 한글을 모르는 분은 구술로 받아적어 시를 지었다. "모든 게 시로 보여." 팔십 세 이 금순 어르신의 말씀은 시가 사는 마을로 이끄는 견인차 역할을 했다.

어르신들의 인생이 시의 이름표를 달고 소박하고 진솔한 얼굴로 태어났다. 평생 한마을에서 살아온 사연이라 더욱 울림이 컸다. 어르신들의 초고를 밤새 읽고 또 읽어 퇴고를 거쳐 작품이 되어 시 낭독을 하면 웃음과 울음이 쏟아졌다. 잠 못 자는 밤이면 새롭게 올라온 시를 읽다가 시를 쓰고 싶어 끄적거리다 보면 시간이 금방 가더라고 하셨다.

특히 자녀들의 반응은 시를 쓰는 데 큰 힘이 되었다. 혼자 계신 어머니가 쓴 시를 읽으며 어머니의 지난 세월을 새롭게 보는 계기가 되었다며 칭찬을 아끼지 않았다. 고스톱을 치면서도 새로 쓴 시를 읽는 모습이 자연스러웠다.

정식으로 시집을 출판하자는 단계에 이르자 감동의 눈물을 흘렸다.

'감히 내가 시를 쓰고 더군다나 시집까지 내다니' 감격에 잠겨 혼잣말을 하셨다.

마을 어르신들의 시를 보시더니 소박하고 진솔한 마음에 사로잡혀 재능 기부로 열여덟 분의 시평을 애정 어린 사랑으로 써주신 메타문학의 발행인 김종대 시인, 문학평론가의 정성에 울컥하시는 모습은 평생 잊지 못할 것이다. 바쁘신 중에도 세심하게 시집의 품격을 챙겨주신 사)한국메타문학협회 이의용 회장님의 관심과 배려가 참으로 뭉클했다.

시 쓰는 과정은 자칫 무료하게 보내게 될 노년의 삶을 다채롭게 이끌어가며 자기 자신의 귀중함과 삶의 가치를 새삼 확인하는 행복한 작업이다. 이와 같이 아름다운 경험이 널리 알려져서 활기찬 노년을 보내는 이웃들이 많아지기를 희망한다.

※ 『시가 사는 마을』 시집은 백우리 마을 주민들의 정성과 이천시 농업기술센터의 일부 지원으로 발간되었습니다. 함께해 주신 모든 분들께 감사드립니다.

시가 사는 마을

초판 인쇄 : 2025년 06월 26일
초판 발행 : 2025년 07월 01일

지 은 이 : 백우리 마을 시인들
발 행 처 : 도서출판 메타
발 행 인 : 김종대
주　　소 : 경기도 성남시 분당구 판교로 253
　　　　　판교이노밸리 B동 102호
전화번호 : 031-717-1403　팩 스 : 031-8018-8494
출판등록 : 제 301-2009-162호

ISBN : 979-11-987586-3-7
정　　가 : 13,000원

이 책은 저작권법에 따라 보호받는 저작물이므로 무단전제와 무단복제를 금지하며, 이 책 내용의 전부 또는 일부를 이용하려면 저적권자의 동의를 받아야 합니다.

※ 잘못 만들어진 책은 교환해 드립니다

문학·예술 매거진 **META LITERATURE**

메타문학협회의 모든 회원들은
백우리 마을 주민들이 가슴으로 써 내려간
『시가 사는 마을』 시집 출간을 축하드리며
세월의 숨결과 감동을 함께 나눕니다.

- 메타문학 일동 -

사단법인 한국메타문학협회